AF234199

PANÉGYRIQUE

DU

B. JEAN-BAPTISTE DE LA SALLE

PRONONCÉ

DANS L'ÉGLISE DE SAINT-SULPICE, A PARIS

PAR

MONSEIGNEUR GERMAIN

ÉVÊQUE DE COUTANCES ET AVRANCHES

Le Mardi 13 Mars 1888.

———

COUTANCES

IMPRIMERIE DE SALETTES, LIBRAIRE-ÉDITEUR.

—

1888

PANÉGYRIQUE

DU

B. JEAN-BAPTISTE DE LA SALLE

PRONONCÉ

DANS L'ÉGLISE DE SAINT-SULPICE, A PARIS

PAR

MONSEIGNEUR GERMAIN

ÉVÊQUE DE COUTANCES ET AVRANCHES

Le Mardi 13 Mars 1888

Fides cooperabatur operibus illius :
et ex operibus fides consummata est.

C'était la foi qui animait ses œuvres :
ses œuvres ont couronné sa foi.

Ep. de S. Jacques, ch. ii, ŷ. 24.

MESSEIGNEURS (1)

Le 2 juin 1875, un solennel spectacle se déroulait dans la vieille capitale de la Normandie. Ce jour-là, Rouen, délégué en quelque sorte de la France entière, inaugurait une statue à l'un des plus grands bienfaiteurs de l'enfance et du peuple. Autour du monument et au milieu des foules, l'Armée, la Magistrature, l'Université, l'Eglise, unies dans un même sentiment, se donnaient fraternellement la main. On entendit les voix les plus respectées célébrer à l'envi le prêtre deux fois grand, grand par ses vertus et grand par ses actes. On les

(1) NN. SS. de Cabrières, Evêque de Montpellier,
Goux, Evêque de Versailles,
de Briey, Evêque de Meaux,
Bouvier, Evêque de Tarentaise,

entendit proclamer de concert que M. de la Salle est une de ces gloires dont la patrie s'honore.

Ce que Rouen chantait surtout, en ce jour mémorable, c'était la reconnaissance du pays. Montons aujourd'hui plus haut, N. T. C. F., et saluons dans l'œuvre du Bienheureux une œuvre divine au même titre et dans le même sens que l'œuvre des Benoît, des Bernard, des François d'Assise, des Dominique, des Ignace de Loyola, des François de Sales et des Vincent de Paul.

Certes, ce sont de nobles et saisissantes figures que S. Benoît dans la grotte de Subiaco, que S. Bernard à Clairvaux, que S. François d'Assise prêchant, par les chemins de l'Ombrie, le renoncement et la pauvreté, que S. Dominique versant aux peuples du Languedoc son cœur et sa foi, que S. Ignace sortant de Manrèse avec un code approuvé bientôt par le Concile de Trente, que S. François de Sales et la Visitation, que S. Vincent de Paul et les Filles de la Charité. Leurs institutions vivent après des siècles ; les lois qu'ils ont établies sont debout, alors que le temps a détruit la plupart des institutions et des lois de leurs contemporains.

Eh bien, celui que l'Eglise portait hier aux honneurs de la Béatification était de la même souche ; son Institut, de la même famille. Oui, les titres de l'Institut des Frères à la consécration suprême qu'il a reçue de Benoît XIII éclatent magnifiquement, soit que l'on considère la grandeur surprenante et l'évidente utilité du dessein conçu par le saint Fondateur, soit qu'on étudie l'ensemble des moyens qui l'ont réalisé, soit qu'on admire le miracle des résultats qu'il a produits. En d'autres termes, la *vocation* du Bienheureux, sa *fidélité* à la suivre, le *triomphe* où elle aboutit, tel est le sujet et le partage de ce discours. A chaque pas, vous verrez resplendir la vérité de ces paroles que j'ai prises pour texte : C'était la foi qui animait les œuvres de M. de la Salle ; ses œuvres ont couronné sa foi. *Fides cooperabatur operibus illius : et ex operibus fides consummata est.*

I.

Dès la fin du grand siècle, Fénelon pressentait que des jours terribles allaient venir. Au milieu même des splendeurs de Versailles, il jetait ce cri d'alarme : « Une sagesse vaine et intempérante, une curiosité superbe et effrénée emporte les esprits. Le Nord ne cesse d'enfanter de nouveaux monstres d'erreur ; parmi ces ruines de l'ancienne foi, tout tombe ; tout tombe comme par morceaux. On voit les mystères de Jésus-Christ ébranlés jusqu'aux fondements. Des hommes profanes et téméraires ont franchi les bornes et ont appris à douter de tout. C'est ce que nous entendons tous les jours : un bruit sourd d'impiété vient frapper nos oreilles et nous en avons le cœur déchiré. Après s'être corrompus dans ce qu'ils connaissent, ils blasphèment enfin ce qu'ils ignorent. Prodige réservé à nos jours ! L'instruction augmente et la foi diminue. »

Avec le dix-huitième siècle, le bruit sourd d'impiété commençait d'éclater comme une longue tempête qui continue de secouer le nôtre. Que deviendra le peuple chrétien au milieu du choc de toutes les erreurs qui vont descendre jusqu'à lui ? Comment se défendra-t-il contre les mensonges qui ne cesseront plus de retentir à ses oreilles et à son cœur ? Peuple infortuné ! Autour de lui, ce sera comme un effort d'enfer pour lui ravir tous les biens qu'il a reçus de l'Eglise sa mère.

Il entendra dire que l'Eglise elle-même est de trop dans la civilisation qu'elle a créée et qui, sans elle, n'existerait pas. Sous couleur de liberté, on lui prêchera la liberté du vice. On lui dira que la vie catholique est l'ennemie de la dignité humaine, de l'intelligence, de la science surtout. L'orgueil et la chair, trop longtemps enchaînés à leur gré, prendront leur revanche.

Qui sauvera de tant d'ennemis et de périls la foule des petits et des humbles ? Qui lui gardera cette lumière de Dieu qui forme la conscience et nourrit l'amour du devoir ? Qui protègera son renom d'honneur en entretenant au fond de son âme la haine vigoureuse du mal ? L'Eglise sans doute, comme elle n'avait cessé de le faire depuis douze cents ans contre d'autres barbaries ; l'Eglise qui ne s'en ira pas, quelque injustice qui l'attende ; l'Eglise qui s'obstinera dans son devoûment maternel et, s'il le faut, trouvera pour l'enfance en particulier, de nouvelles tendresses. Plus on lui rendra sa tâche difficile, plus elle s'y dépensera. Quel que soit le péril, elle enseignera le salut.

Voici, d'ailleurs, que, par une création nouvelle, Dieu lui vient manifestement en aide.

Le 30 avril 1651, naissait à Reims Jean-Baptiste de la Salle. Si l'on eût posé sur son berceau la question de l'Ecriture : *Quis, putas, puer iste erit,* quelle eût été la réponse ? Les amis et les parents n'auraient pas manqué de présager à cet enfant un avenir brillant selon le monde. Plus tard, à Saint-Sulpice, on n'eût pas manqué non plus de prédire au condisciple de Fénelon les grandes charges et les distinctions ecclésiastiques. Telle n'était pas la réponse de Dieu. Il est vrai : Dieu voulait marquer cet enfant, ce jeune homme, à l'image même de son Fils ; il voulait en faire un prêtre ; mais il le réservait pour l'instruction des pauvres.

C'était bien en effet le grand besoin du moment, et l'un des esprits les plus clairvoyants, les plus décidés de l'époque, formulait en ces termes ce que l'école n'était pas et ce qu'elle devait être : « Je souhaiterais, écrit M. Bourdoise à M. Olier, voir une école dans un esprit surnaturel, dans laquelle, en apprenant aux enfants à lire et à écrire, on les pût disposer et former à être de bons chrétiens. Car, ajoutait-il avec un évident bon sens, de voir qu'une charité fasse une dépense pour leur faire apprendre à lire et à écrire seulement, et qu'ils ne deviennent pas meilleurs ni plus chrétiens, c'est dommage, et néanmoins c'est ce qui se pratique le plus communément ; et aujourd'hui toutes sortes d'enfants vont aux écoles, mais à des écoles qu'on leur fait toutes naturelles ; ainsi, il ne faut pas s'étonner si, dans la suite, on en voit peu qui vivent chrétiennement, parce que, pour faire une école qui soit utile au Christianisme, il faudrait avoir des maîtres qui travaillassent à cet emploi en parfaits chrétiens, et non pas en mercenaires, regardant cet office comme un chétif métier, inventé pour avoir du pain. »

« Je crois, disait-il encore, qu'un prêtre qui aurait la science des saints se ferait maître d'école et par là se ferait canoniser. Les meilleurs maîtres, les plus grands, les plus en crédit, les Docteurs en Sorbonne n'y seraient pas trop bons… L'école est le noviciat du christianisme. C'est le séminaire des séminaires. »

Le prêtre à la science des saints que réclamait M. Bourdoise, le Docteur en Sorbonne allait apparaître. Ce fut M. de la Salle. Ecoutons-le tracer lui-même son dessein. « La fin de cet Institut est de donner une éducation chrétienne aux enfants; et c'est pour ce sujet qu'on y tient les écoles afin que, les enfants y étant sous la conduite des maîtres depuis le matin jusqu'au soir, les maîtres leur puissent apprendre à bien vivre. » Parole admirable, N. T. C. F., dont il est trop facile, hélas ! de s'éloigner dans la pratique, mais dont la vérité s'impose et commande plus que jamais l'attention ! Une école en effet dont le premier objet n'est point d'apprendre à bien vivre n'est pas seulement une duperie, elle est un danger.

Dans le même acte fondamental, M de la Salle déclare que sa société « fait profession de tenir les écoles gratuitement. »

En ce peu de mots, vous avez tout le dessein du Bienheureux. Former des hommes et des chrétiens, les former surtout parmi les artisans et les pauvres, les former gratuitement, tel est son but.

Ainsi donc notre temps, sous ce rapport, n'a rien inventé. Dès le xviie siècle, c'est l'école *gratuite*. Mais à quelles conditions? Inclinons-nous devant un héroïsme qui rappelle le pauvre d'Assise. Cet enseignement gratuit, ce sont les maîtres seuls qui en portent le fardeau. Ils iront au-delà de leur vœu de pauvreté; ils souffriront de la faim, s'il le faut; puis, tous les jours, à force de privations, à force de frugalité dans la nourriture, à force de simplicité dans l'entretien, ils réduiront la dépense. Quant aux besoins essentiels, ils comptent sur la charité pour y pourvoir. Vieux système dont sans doute aucun économiste moderne ne contestera l'excellence et dont la pratique redevenue plus commune serait un allégement fort appréciable à la détresse de l'Etat.

Il n'appartenait pas à M. de la Salle d'inscrire l'obligation de l'enseignement primaire dans les lois de la France. Depuis longtemps, d'ailleurs, ce devoir des parents était écrit avec tous leurs autres devoirs sur les tables du Décalogue. Depuis longtemps l'Eglise le prêchait du haut de ses chaires et en poursuivait l'accomplissement sans reculer jamais pour sa part devant les sacrifices. — Mais qui donc, plus que le Bienheureux, entra dans les vues du Décalogue et de l'Eglise ? Est-ce que l'Institut qu'il crée, les dévoûments qu'il provoque, les disciples qu'il conquiert, les écoles qu'il voudrait égaler au nombre des paroisses, ne sont pas autant de voix qui crient au cœur des parents : Si vous devez à vos enfants le pain de chaque jour, ne l'oubliez pas, vous leur devez aussi le pain qui fait vivre les âmes ?

Il est une autre condition imposée de nos jours à l'école publique, la laïcité. Si ce mot signifiait seulement que l'école publique ne peut être confiée à des religieux tels que les Frères des Ecoles Chrétiennes, il faudrait encore s'étonner d'une exclusion que les succès incontestés des écoles congréganistes ne semblent pas appeler. Notre Bienheureux était plus libéral, quand il formait, avec une égale sollicitude, les maîtres laïques qui devaient s'employer à la même œuvre que ses propres disciples. Mais, hélas ! Qui ne le sent ? La laïcité n'est pas une question de nom ou de costume ; c'est le fond même de l'enseignement. La laïcité, c'est en principe la neutralité religieuse; en fait, c'est l'école sans Religion et sans Dieu, pour ne pas dire contre la Religion et contre Dieu.

Or, l'éducation sans Dieu est une éducation contre nature. L'homme, en effet, est un être essentiellement religieux dont le premier besoin est de connaître le Dieu qui lui a donné l'existence. Il a faim, il a soif de connaître son auteur. N'est-ce

donc pas déraison et folie, n'est-ce pas un attentat exécrable
que de le priver de sa nourriture essentielle, que de le con-
finer dans sa vie d'un jour et de lui dire : Tu es fait pour
vivre de Dieu ; tu ne vivras que de la terre? Tu réclames l'in-
fini : rabats de tes prétentions ; nous t'interdisons de prendre
si haut ton vol. Ton front voudrait regarder le ciel : nous
t'apprendrons à te contenter de moins. Lire, écrire, calculer,
savoir par cœur les cinq parties du monde, un peu de phy-
sique, de chimie, d'histoire, de morale civique, c'est assez
pour toi ! — Voilà pourtant ce qui se nomme le progrès, ce qui
se donne comme un effort de la raison ! N'est-ce pas plutôt
faire reculer l'homme et le mépriser dans ses plus nobles
aspirations? N'est-ce pas le mutiler?

C'est de plus, N. T. C. F., porter atteinte à la société. De
bonne foi, peut-on espérer qu'avec des leçons de grammaire
on parvienne à inculquer aux jeunes générations le respect de
l'autorité? Peut-on croire que l'orthographe, si ponctuellement
enseignée qu'elle soit, forme jamais ces générations à l'obéissance et à la soumission? Est-ce avec l'arithmétique et le
calcul que l'on détruira l'égoïsme et que l'on établira le régime
de la vraie fraternité, de la fraternité qui se traduit par l'abnégation, le sacrifice et le dévoûment? Avec la gymnastique
on pourra bien assouplir les membres, dresser et fortifier le
corps ; mais que fera-t-on pour le développement des facultés
morales? L'histoire et la géographie pourront sans doute placer sous les regards de l'enfant de grands et nobles exemples,
elles pourront lui montrer le patriotisme. Suffiront-elles pour
en allumer la flamme sacrée dans son âme et pour l'y entre-
tenir? — Et cependant sans le respect de l'autorité, sans
l'obéissance aux lois, sans la fraternité, sans le patriotisme,
que devient la société?

Non, n'enlevez pas Dieu à l'individu! Sinon, il devient la
proie des ténèbres, de la faiblesse, du malheur et de la
honte.

N'enlevez pas Dieu à la famille! Sinon, vous enlevez à l'autorité paternelle sa couronne, à la fidélité conjugale sa consécration et son rempart, à l'enfant sa protection et son appui.

**

N'enlevez pas Dieu au commerce et à l'industrie ! Sinon, vous leur enlevez la vraie garantie de la probité, de l'honneur, et vous ouvrez toute grande la porte de la fraude.

N'enlevez pas Dieu à l'ouvrier ! Sinon, il ne se résignera pas à son sort ; il n'acceptera pas de verser ses sueurs au profit d'autrui.

N'enlevez pas Dieu à nos armées ! Sinon, vous leur enlevez cette force morale qui, plus que toute autre, fait les héros et gagne les batailles.

N'enlevez pas Dieu à la magistrature ! Sinon, vous livrez aux mains des hommes votre fortune, votre réputation, votre vie même.

N'enlevez pas Dieu à la société ! Sinon, vous arrachez les bases de la moralité publique, les bases de la propriété ; vous ruinez l'édifice entier.

Pour vous, ô Bienheureux, à l'œuvre ! Formez, formez des hommes qui posent dans l'âme de l'enfant le fondement sans lequel on ne peut rien édifier, Dieu ; qui élèvent sur ce fondement la foi, le devoir, le patriotisme, toutes les vertus qui font le chrétien.

Et vous aussi, dignes fils de votre Père, à l'œuvre ! Dévouez-vous pour les enfants du peuple, cette ressource suprême de notre France. C'est lui, c'est le peuple qui a besoin de votre sollicitude. Livré trop souvent aux sens, il oublierait son âme immortelle. Confiné dans les préoccupations et les nécessités de chaque jour, trop souvent il verserait des sueurs sans consolation. Montrez-lui l'éternel avenir et le ciel resplendissant. Tant de voix imprudentes ou coupables retentissent à ses oreilles ! Qu'il trouve sur vos lèvres, avec la science humaine, la vérité, la justice, la patience, le courage. Ne perdez pas de vue le mot de votre Père : Apprenez-leur à bien vivre en leur donnant une éducation chrétienne. Allez, et, à force de zèle, obligez le peuple de venir à vous ; procurez à ses enfants le bienfait de l'instruction gratuite mais religieuse !

Notre Bienheureux connaît sa vocation, vocation non moins sublime qu'opportune. Il va désormais la poursuivre à travers des épreuves sans nombre.

II.

Le grand moyen de succès dans les œuvres divines, c'est la Croix. Mais il faut des Saints pour la porter jusqu'au bout.

Les Saints, en effet, ne connaissent pas d'obstacles insurmontables aux desseins que Dieu leur met au cœur pour sa gloire et pour le salut des hommes. Les déceptions, la nécessité de l'effort sans relâche, l'apparente impossibilité de réussir, la visible inutilité des sueurs et des sacrifices de chaque jour, rien ne les rebute, rien ne les arrête, parce qu'ils se comptent pour rien et qu'ils attendent tout de Dieu. Hommes étranges en vérité ! Leurs souffrances les encouragent ; les écroulements ne les déconcertent pas ; les abandons qui les laissent seuls en face de la ruine ne troublent pas la sérénité de leur cœur. Vainement Dieu lui-même semble les délaisser ; ils s'obstinent à se confier en lui ! L'événement atteste qu'ils avaient raison contre toutes les apparences ; Dieu n'était pas loin. L'heure venue, il se déclare. C'est une œuvre nouvelle qui naît. Plus elle souffre au berceau, plus elle sera vigoureuse et féconde.

Notre Bienheureux fut un de ces héros : et son œuvre s'établit par la Croix.

Qu'est-ce, en effet, que la Croix, N. T. C. F. ? C'est l'abnégation, c'est le dévoûment, c'est la souffrance ; et tels sont, en trois mots, les moyens par lesquels l'abbé de la Salle fonda son Institut.

Après avoir passé au sein de l'opulence son enfance et sa première jeunesse, après s'être pendant deux ans nourri du plus pur esprit du sacerdoce sous la conduite de la Compagnie de Saint Sulpice que Dieu venait de donner à son Eglise, il jouissait des honneurs du canonicat dans cette métropole de Reims

si pleine de souvenirs et, malgré son jeune âge, il y donnait
l'exemple de la plus solide vertu. Certes, il pouvait y demeu-
rer tranquille, entouré de l'affection des siens, de l'estime et
des sympathies de tous. Mais il a entendu l'appel d'en haut,
cet appel qui va l'humilier aux yeux des hommes et le réduire
à des fonctions qui semblent tout d'abord indignes de sa nais-
sance et de son rang. Pour répondre à Dieu, il fermera l'oreille
à toutes les instances de ses amis et de ses confrères ; il n'écou-
tera pas davantage les représentations de sa famille qui rêve
pour lui d'autres destinées. Autant il recueillera d'un cœur
docile les sages avis de son Archevêque, autant il comptera
sur la Providence pour l'incliner à son dessein. On le recom-
mande aux prières, parce que, disait-on, il avait perdu le sens.
Depuis longtemps S. Paul avait prédit que l'esprit de Dieu
serait traité de la sorte. Fidèle à la vocation qui le presse,
l'abbé de la Salle renonce à son canonicat. Ce n'était que le
premier pas dans le renoncement. Alors que, mécontents de
ses projets, tous ses autres parents s'étaient éloignés de lui,
son frère ne l'avait pas abandonné. Se démettre en sa faveur
n'était-ce pas payer une dette légitime d'affection, en même
temps qu'assurer un avenir précieux ? Le sang parfois s'arroge
le droit de donner ces conseils intéressés. Il n'est point
écouté : c'est un étranger, un prêtre pieux et pauvre qui
obtient la préférence.

Ainsi l'abbé de la Salle s'est dégagé des honneurs ; mais ses
biens lui restent, fortune très considérable pour le temps.
Écoutez la chrétienne insouciance avec laquelle il en parle :
« Je ne m'en déferai pas, si vous ne le voulez, répond-il à son
confesseur qui l'invite à réfléchir ; je ne m'en déferai qu'autant
que vous le voudrez ; si vous me dites de conserver quelque
chose, ne fût-ce que cinq sols, je les conserverai. » — Soit !
Qu'il ne conserve rien ; mais que du moins il fasse profiter de
son dépouillement les maîtres qui vont se grouper autour
de lui sans être sûrs du lendemain. C'était le raisonnement
de la sagesse humaine. Le Bienheureux ne raisonne pas ainsi.
« Je ne sais, dit-il, s'il faut fonder ou s'il ne le faut pas ; ce
n'est pas à moi d'établir des Communautés ni à savoir la ma-

nière de les établir ; c'est à vous, mon Dieu, à le savoir et à le faire de la manière qu'il vous plaira. Si vous les fondez, elles seront bien fondées ; si vous ne les fondez pas, elles seront sans fondation : je vous prie, mon Dieu, de me faire connaître votre volonté. » Quand on compte à ce point sur Dieu, on fait aisément bon marché des ressources humaines.

Une famine éclate. Le Bienheureux vend tout ce qu'il possède et le distribue aux indigents. A quelque temps de là, sur la route de Réthel, une pauvre femme offre un morceau de pain noir à un voyageur exténué de fatigue et manquant de tout. C'était M. de la Salle, âgé de trente-trois ans, qui se rendait auprès de M. le duc de Mazarin pour l'une de ses fondations.

Il est, dit S. Grégoire, un renoncement plus difficile que tous les autres, le renoncement à soi-même et à sa propre volonté. Le vœu d'obéissance lui-même ne tue pas toute résistance au fond de l'âme humaine. Néanmoins à voir notre Bienheureux donner partout l'exemple de la soumission, à voir ses efforts pour descendre de l'autorité qui lui avait été confiée et se placer au dernier rang, à le voir, après tant d'années où rien ne s'était fait que par lui, trouver ses délices dans une obéissance d'enfant, on aurait pu se demander si l'homme survivait encore ; tant l'esprit de Dieu l'avait manifestement conquis et absorbé ! Oui, c'était cet esprit seul qui éclatait en M. de la Salle. Certes, nous allons le voir, les attaques ne lui firent pas défaut, les contradictions se dressèrent à chaque pas, les persécutions s'acharnèrent contre lui. Toujours il y répondait par le silence et remettait à son Maître le soin de le défendre et d'agir pour lui. Echange admirable, N. T. C. F. ! C'est une vérité que la puissance de l'homme se mesure à son renoncement. Quand l'homme sort en quelque sorte de chez lui, ce n'est pas le vide qui reste ; c'est Dieu qui prend sa place ; et c'est l'heure des grandes choses.

A mesure que M. de la Salle se dépouille de tout et de lui-même, on voit croître en lui la faim, la soif de se donner tout entier, de se donner partout où l'appelle sa vocation, de se donner à tous.

Toutes ses ressources sont à l'œuvre de Dieu : son esprit, sa volonté, son cœur. Ne voulant rien livrer au hasard, il recherche, avec l'application des saints, les moyens d'enraciner les siens dans la foi, dans l'humilité, dans la charité. Il médite sur la règle propre à maintenir et à développer ces vertus fondamentales. Tout plein de sa grande entreprise, le Bienheureux n'a plus qu'une pensée, travailler à sa réalisation et à son accroissement.

Comme son esprit, sa volonté tout entière est à son Institut. A lui désormais et jusqu'au dernier soupir tous les efforts, toutes les énergies, toute l'activité de cette volonté d'autant plus forte qu'elle s'estime pour rien, qu'elle se considère uniquement comme l'instrument de la Providence.

Son Institut, c'est le grand amour de son cœur ; c'est l'objet constant de ses sollicitudes, de ses démarches, de son dévoûment. — Et, quant à son corps, la Salle, qui ne lui ménageait aucune fatigue, aurait pu lui dire avec S. Jean de la Croix : Comme je te traite ! Mais, courage ! Tu te reposeras plus tard.

Cette abnégation si complète, ce don de soi sans réserve, vous en allez admirer les fruits partout à la fois. Regardez ce conquérant d'un nouveau genre entraîné par ses ardeurs. Suivez-le de Reims, son point de départ, à Réthel, à Guise, à Laon. Paris, la grande ville, l'appelle. L'œuvre y sera difficile ; mais elle est nécessaire. Il accourt. Saint-Sulpice, qui venait de se transformer au souffle de M. Olier, recueille d'abord ses sueurs. Vaugirard, Saint-Hippolyte, Saint-Antoine le voient à leur tour. En même temps il demande à Rouen un asile paisible pour son noviciat. Puis, donnant à son zèle un nouvel essor, il s'en va semant pour ainsi dire les écoles à Chartres, à Calais, à Troyes, à Avignon, à Marseille, à Alais, à Grenoble, à Mende, à Dijon, à Moulins. Au-delà même de la frontière il pénètre à Rome. Noble et généreuse fièvre d'une âme que presse la charité du Christ et qui voudrait, comme le divin Maître lui-même, embrasser et guérir toutes les misères !

Et quelles entreprises que celles du Bienheureux ! C'est à ses frères qu'il se donne d'abord. Il leur ouvre des noviciats et leur prépare, pour l'heure plus ou moins prochaine où la fatigue aura brisé leurs forces, des asiles où ils seront entourés de respect et de soins.

Il se donne aux maîtres laïcs qui, formés par la même sollicitude, s'en iront porter au fond de leurs villages la double lumière de leur savoir et de leur édification. — Il se donne à l'enfance, sans qu'aucun de ses besoins lui puisse échapper. Écoles dominicales, pensionnats libres, pensionnats de correction s'élèvent en même temps; et c'est là que l'avenir retrouvera tous les types dont il aura besoin. — Mentionnons en passant un nom cher à la France. L'Irlande, dans la personne de cinquante de ses fils, reçoit l'hospitalité de M. de la Salle. Recueillis à Paris, ils se forment sous ses yeux et se préparent, au gré de leur Prince, à tous les devoirs qui les attendent.

Qui n'admirerait l'inépuisable bonté de Dieu pour notre France bien-aimée? Quand, au xv⁰ siècle, il la voit près d'expirer dans la honte, il lui envoie Jeanne d'Arc. L'humble Vierge de la Lorraine apparaît comme le salut et montre aux courages déconcertés ce que peuvent, sous le souffle d'en haut, le patriotisme et la foi dans une âme innocente. Sa confiance passe au cœur des soldats de Charles VII; sa vertu guerrière force les Anglais à lâcher prise, malgré leur tenacité. Le royaume de S. Louis qui s'effondrait est soudain restauré.

Plus tard, Vincent de Paul et de la Salle, l'un au commencement du xvii⁰ siècle, l'autre à la fin; l'un aux prises avec la famine et toutes les indigences, suffisant à tout par des miracles de charité, consolant les provinces que désolent la guerre, pansant les blessures et nourrissant les affamés; l'autre marchant en quelque sorte sur les traces de son incomparable devancier, multipliant l'aumône intellectuelle et morale, faisant régner ensemble l'instruction et l'éducation, trouvant enfin dans son cœur le talent sublime de s'abaisser jusqu'au niveau des plus ignorants!

C'est une loi générale des œuvres divines qu'elles ne s'accomplissent jamais sans l'assaisonnement de la souffrance. Mystérieux concert de l'homme et de Dieu! D'un côté, Dieu avec les inépuisables ressources de sa puissance; de l'autre l'homme. Mais qu'offrira l'homme qui puisse compter? Qu'est-ce que son génie, qu'est-ce que son dévoûment, qu'est-ce que sa volonté, en face d'impossibilités sans cesse renaissantes ? Il a son pouvoir cependant : c'est de souffrir ; il a ses sueurs, son sang et sa vie ; il a les angoisses de l'âme, la lutte quotidienne et pleine de douleurs contre les préventions, la malveillance, les outrages et les attaques de tout genre. Est-il une seule de ces amertumes que M. de la Salle n'ait connues? Regardons de près son calice.

Souffrances du corps. Au milieu des rigueurs de l'hiver de 1709, ce pauvre volontaire n'a plus ni bois ni pain, ni pour lui, ni pour ses fils. Entendez quelques-uns de ses accents au milieu de cette crise : « Après tout, dit-il, rien n'arrive en ce monde que ce que Dieu permet ou ordonne. Les biens et les maux, la pauvreté et les richesses sortent de sa main. Il est le Seigneur ; qu'il fasse tout ce qui lui plaît..... Dussions-nous mourir de faim, si Dieu nous trouve soumis, il couronnera du moins dans le ciel notre vertu et nous rangera parmi les martyrs de la patience. »

Ce ne fut pas la faim seulement dont il sentit les aiguillons pour lui et surtout pour les siens. Comme tous les saints, il voulut compléter en son corps ce qui manque à la passion du Sauveur. Notre siècle amolli ne veut plus entendre parler de cilices, de ceintures de fer, de tout cet arsenal d'instruments de pénitence. M. de la Salle s'en entoura et n'y chercha pas seulement un titre à l'assistance divine ; il s'en fit un aliment quotidien où ses forces ne cessèrent de se retremper. Est-il besoin d'ajouter qu'avec lui le Frère cuisinier pouvait se donner libre carrière et commettre impunément toutes les erreurs ?

Et cependant la maladie s'acharne sur ce pauvre corps : elle sembla, à plusieurs reprises, sur le point de le mettre au tombeau ; mais elle le trouve invincible et n'est pour lui que l'occasion d'un nouveau triomphe, tant il se montre vaillant à la porter.

S'il n'avait eu d'autres épreuves à endurer ! Mais l'épreuve cruelle pour le saint fut celle de l'âme. On dirait une conspiration contre lui de calomnies, d'injustices, de trahisons, en un mot de persécutions incessantes.

Jaloux de ses succès, ceux-là même qui devaient y applaudir firent courir contre le prêtre exemplaire des bruits tellement graves que ses amis les plus dévoués en furent ébranlés et qu'il fut sur le point d'être renvoyé de Paris. Pour toute réponse, après de longues hésitations et pressé par l'autorité, il se contenta de demander qu'on voulût bien lui faire connaître les défauts remarqués dans sa conduite et lui donner les avis dont il avait besoin.

Ses succès trouvèrent d'autres envieux. Les écoles de M. de la Salle, parce qu'elles étaient gratuites, devenaient un péril qu'il fallait à tout prix conjurer. De là, procès sur procès, procès des Maîtres d'école, procès des Maîtres écrivains, arrêt enfin du Parlement qui, mal informé, donna gain de cause aux agresseurs. Traîné de juridiction en juridiction, le disciple, comme le Maître divin, malgré son innocence et ses bienfaits, se voyait chassé de partout, de Saint-Sulpice, de Saint-Antoine, de Saint-Marcel ; pas une voix ne protestait. Partout il était frappé, condamné partout, au sein de ce Paris où, pendant quinze ans, il avait passé, lui aussi, en faisant le bien et en guérissant tant d'ignorances.

Il devait rencontrer de nouveaux adversaires. Plus d'un croyait avoir des griefs contre sa règle, trop inflexible, disait-on. On incriminait son gouvernement sévère jusqu'à la dureté. — L'autorité ecclésiastique s'en émut, crut devoir intervenir et chercher le remède au mal supposé dans la nomination d'un autre supérieur. Il fallut tout l'attachement des disciples pour venger en cette circonstance encore le saint Fondateur. Quant à lui, il s'occupait pendant ce temps d'instituer des écoles en province et continuait de se retrancher dans le silence d'une humble et patiente résignation.

Ce ne fut pas la fin. D'autres mains essayèrent de porter atteinte à l'œuvre dont la garde lui était confiée. Pendant son absence, un autre supérieur lui fut substitué. Comme toujours, M. de la Salle se tut ; mais les souffrances qui allaient s'aggravant rendirent son retour nécessaire, et l'ordre fut rétabli.

Après le désordre, voici la trahison. Ces hommes qui ont tout fait pour obtenir son précieux concours à la création d'une École Normale à Saint-Denys, qui ont multiplié les démarches et les instances pour triompher des objections que la prudence suggérait au saint Prêtre, ne reculent pas devant les machinations les plus déloyales et l'accusent de captation, lui, le pauvre volontaire, lui, la droiture, le désintéressement même. Attaqué dans son honneur, M. de la Salle ne se défend pas.

Un ami qui possède sa confiance, qui sait qu'au lieu de capter le bien d'autrui, son ami a donné largement du sien, non seulement l'abandonne, mais fait cause commune avec ses accusateurs et s'enrichit à ses dépens. L'intrigue réussit, elle trouve des juges pour condamner l'innocent. Délaissé, flétri, menacé d'emprisonnement, le prêtre héroïque remet à Dieu sa cause et prend le parti de s'éloigner.

Une croix plus cruelle encore l'attendait. Le trésor des Saints, c'est leur foi, leur attachement à l'Eglise. Les suspecter dans cet attachement sacré, c'est les atteindre à la prunelle de l'œil. Or l'Eglise avait alors en face une des hérésies les plus infernales qu'elle ait jamais dû combattre, le Jansénisme. Comprenant le crédit que pouvait lui apporter un homme tel que M. de la Salle, l'erreur essaie de tous les moyens pour se l'attacher : Tout lui manque, dit-elle ; rien désormais ne lui manquera. Les noviciats seront pourvus ; la fondation verra finir sa détresse, du moment où l'on pourra compter sur le Fondateur. Mais, que leur argent périsse avec ces malheureux ! Le Dieu de M. de la Salle ne sera jamais le Dieu qui repousse et qui damne : il est le Dieu qui aime et qui sauve. « Je ne crois pas, répond-il, avoir donné lieu de dire que je suis du nombre des Appelants. J'ai trop de respect pour Notre Saint Père le Pape et trop de soumission pour les décisions du Saint-Siège. Il me suffit que celui qui est assis aujourd'hui sur la Chaire de Saint-Pierre se soit déclaré par une Bulle... et après une décision si authentique de l'Eglise, je dis avec S. Augustin que la cause est finie. »

Est-ce assez maintenant de calomnies, d'injustices, de trahisons, de tortures pour l'âme ? Non, une autre grande victime, le cœur, recevait en même temps sa part de coups. L'œuvre du Bienheureux est au début. Il met ses délices et son espoir dans les premiers fils que Dieu lui a donnés. Ces fils sont pour lui l'avenir, le gage du succès ; et voilà que la mort vient lui moissonner ses ouvriers dans leur fleur. Sans doute il a la consolation de les voir mourir comme ils ont vécu et de recueillir, en attendant, sur leurs lèvres des paroles comme celles-ci : « J'ai le pied droit dans une classe, le pied gauche dans une autre, l'esprit aux malades et le cœur au ciel ! » Mais la perte n'en est pas moins sensible, l'angoisse moins poignante. Dieu se retirerait-il donc de son œuvre ? Dieu va-t-il l'abandonner ?

Voici de nouveaux déchirements. L'homme ennemi sème l'ivraie dans l'Institut. Ici, l'un des siens accuse le Bienheureux de détourner au profit des étrangers les aumônes faites à la Communauté. L'accusation porte ses fruits ; le péril devient imminent ; il faut retrancher du corps ce membre qui menace de gâter les autres.

Puis, c'est le relâchement qui proteste contre la ferveur, excessive à son gré, du saint Fondateur. Le mal gagne les novices eux-mêmes ; on recourt aux libelles contre le Bienheureux qui, cette fois, prend la parole ; mais sa voix n'est pas entendue ; le noviciat dépérit ; l'orage grossit chaque jour ; il faut fuir. Dans sa fuite, les siens refusent de lui ouvrir leur porte ; il arrive enfin à Grenoble où il s'ensevelit dans le travail, le silence et la prière.

Maintenant, le calice est-il assez rempli ? Et n'est-ce pas pour notre Saint la tristesse mortelle du Jardin de l'agonie ? Non ! Pendant que son œuvre subissait dans le midi de la France un si redoutable assaut, à Paris, cette œuvre de toute sa vie était menacée dans ses fondements. Il la voulait une : on la veut morceler. Il voulait un noviciat unique : on veut l'éparpiller. Au lieu de la subordination des maisons au gouvernement central, on rêve l'indépendance de chacune, sans songer que l'indépendance amènera la faiblesse avec l'isolement. Contre toute règle, les Frères acceptent un supérieur étranger à l'Institut. Le mal était extrême. Mais, dans sa retraite pleine de douleur, le saint disait à Dieu sa souffrance. Dieu recueillit sa prière et rendit enfin à l'Institut le médecin qui devait le sauver.

Voulez-vous, N. T. C. F., apprendre de M. de la Salle lui-même la profondeur et l'étendue de ses souffrances ? Écoutez le touchant et admirable gémissement de son âme : « Si Dieu, disait-il, en me montrant le bien que pouvait procurer cet Institut, m'eût aussi découvert les peines et les croix qui devaient l'accompagner, le courage m'eût manqué et je n'aurais osé le toucher du bout des doigts, loin de m'en charger. En butte à la contradiction, je me suis vu persécuté de plusieurs Prélats, même de ceux dont j'espérais du secours. Mes propres enfants, ceux-là même que j'avais engendrés en Jésus-Christ, que j'avais chéris avec plus de tendresse, que j'avais cultivés avec plus de soin et dont j'attendais les plus grands services, se sont élevés contre moi et ont ajouté aux croix du dehors celles du dedans qui sont les plus sensibles. En un mot, si Dieu n'avait pas mis la main pour appuyer cet édifice d'une manière visible, il y a longtemps qu'il serait enseveli sous ses ruines. Les magistrats se sont unis à nos ennemis en appuyant de leur autorité les efforts de ceux-ci pour nous renverser. Comme notre fonction offense les maîtres d'école, nous trouvons en chacun d'eux un adversaire déclaré et irréconciliable, et tous, réunis en corps, ils ont souvent armé les puissances du siècle pour nous détruire. Cependant, malgré tous leurs efforts, l'édifice s'est soutenu, quoique si souvent sur le penchant de la ruine. C'est ce qui me fait espérer qu'il subsistera et que, triomphant enfin des persécutions, il rendra à l'Église les services qu'elle a droit d'en attendre. »

Le grain de froment a subi toutes les morts ; il a rempli toutes les conditions de la promesse divine. Attendez maintenant : du sein de la mort, la vie va s'élancer et porter désormais la moisson la plus abondante.

III.

Après l'œuvre du sacerdoce, quelle œuvre plus indispensable que l'enseignement primaire? L'enfant, c'est l'avenir, c'est l'homme, c'est le citoyen du temps ; et là ne se borne pas son horizon : c'est l'homme et le citoyen de l'éternité. Qu'on ne le confie donc qu'à des mains dignes de l'élever pour de si hautes destinées. Que ses maîtres, selon le mot de Fénelon, soient pères, ce n'est pas assez : qu'ils soient mères. Qu'au mépris du bien-être et de toutes les jouissances même légitimes, ils s'enchaînent à leur tâche. Qu'ils consacrent leur vie tout entière à soutenir d'obscurs combats contre les défauts de l'esprit et du cœur, contre les résistances obstinées du premier âge. Que, semblables au prophète, ils se rapetissent pour exciter et guérir ces facultés endormies et malades. Que rien n'échappe à leur dévoûment : que le corps lui-même se développe sous leur vigilance. Loin de lui, loin de l'enfant, tout contact dangereux non moins que tout air vicié. — Telle est, en abrégé, la fonction de l'instituteur primaire. Mais où le trouver cet instituteur? Où le trouver surtout dans les conditions que M. de la Salle offrait à ses disciples?

Dieu lui-même va nous donner la réponse. Soudain, après la mort du saint, les inimitiés tombent, les préjugés se dissipent. Les magistrats avec d'Aguesseau, les politiques avec Fleury, l'État avec Louis XV, accordent à l'Institut leur protection. Les Evêques le couvrent de leur zèle, et le Pape aussi se déclare. Benoit XIII lui assure la garantie que l'Eglise seule peut donner, la garantie de l'avenir. Il en fait le plus bel éloge en même temps qu'il en apprécie l'objet, quand il l'appelle « une congrégation qui a pour but de prévenir les désordres que produit surtout parmi les pauvres et les ouvriers l'ignorance, source de tous les maux. »

Et maintenant, ô fils de la Salle, ô vaillants ouvriers, croissez et multipliez-vous ! Comme le grain de l'Evangile, devenez cet arbre aux immenses rameaux où les oiseaux du ciel viennent trouver un abri ! Les ouvriers répondent à l'appel et deviennent bientôt une de ces familles religieuses dont les membres se comptent par milliers. Ecoutez plutôt. Quand, le 7 avril 1719, M. de la Salle expirait à Rouen, outre le noviciat de Saint-Yon, il laissait 123 classes, 280 Frères et 9000 élèves. En janvier 1880, c'est-à-dire après la tempête révolutionnaire et malgré les défiances et les injustices qui lui ont survécu, la statistique, dans la sécheresse de ses chiffres, nous fait assister au spectacle le plus étonnant. Dans les cinq parties du monde, l'Institut compte près de 1300 maisons, 12000 Frères, plus de 2000 écoles, près de 8000 classes et plus de 350,000 élèves. Qui ne reconnaîtrait le doigt de Dieu dans cette prodigieuse multiplication engendrée par le sacrifice ? Ici, rien d'humain, aucun attrait ni de considération, ni de fortune. A d'autres l'or, l'argent, les honneurs : aux fils de M. de la Salle tous les labeurs avec les persécutions. Ils n'attendent rien que de l'éternité. Et cependant, légions intrépides, à la suite de la croix, ils vont plus loin que les plus audacieux voyageurs ; et là où il ne se rencontre ni explorateurs ni commerçants parce qu'on n'y trouve que des misérables, les frères y sont !

Bénissez, ô Bienheureux, bénissez le Tout-Puissant qui a fait par vous de si grandes choses. Il a regardé la fidélité de son serviteur ; s'il a voulu que vous semiez dans les larmes, il veut que vous récoltiez dans la joie. — Tel est le premier fruit des souffrances de M. de la Salle, la fécondité dans le nombre de ses disciples et leur diffusion dans le monde.

De cette fécondité du nombre découle l'abondance des services rendus. La vraie disette à toutes les époques, même les mieux pourvues, ce fut la disette d'hommes. C'est notre disette en particulier. Tous le reconnaissent, bien que tous ne l'entendent pas de la même manière. La plainte universelle en effet n'est-elle pas celle du malade de l'Evangile ? *Hominem non habeo*. Et nous ne le disons pas ici de ces individualités brillantes que les nations appellent à leurs jours de crise, mais qui ne viennent pas toujours. Nous l'entendons du fond même des nations ; nous l'entendons du peuple. Pour indiquer plus nettement notre pensée, ce qui nous manque, c'est l'homme, l'homme de bon sens, de conviction et de courage. Ce qui nous manque, c'est le chrétien selon l'Evangile, qui sait illuminer sa vie des clartés éternelles, marcher à sa destinée et la conquérir, quels que soient les obstacles. Ce qui nous manque, c'est le vrai citoyen qui souffre avec son pays, qui se réjouit avec lui, qui lui paie généreusement sa part de tribut, qui le tient enfin en assez haute estime, pour lui sacrifier sa vie même.

Former, selon notre pouvoir, des hommes, des chrétiens, des patriotes, telle devrait être l'œuvre de quiconque aime ses frères et son pays. Telle est l'œuvre des écoles chrétiennes. Ce n'est pas l'heure ici de vous raconter la journée des fils du Bienheureux de la Salle. Nous aimons mieux vous dire : jugez-les par leurs fruits. Combien leurs leçons n'ont-elles pas formé, ne forment-elles pas tous les jours, dans toutes les conditions, de ces hommes inaccessibles aux utopies, jugeant les propos qu'ils entendent à la lumière sereine et sévère d'un petit nombre de principes non moins immuables que le Décalogue ?

Mais défendre notre fonds national contre tant de folies qui le menacent, ce n'est pas assez. Il faut de plus lui conserver à tout prix les qualités qui nous distinguèrent si longtemps et nous conquirent un si enviable renom. C'était, même dans les rangs les plus humbles, l'esprit parfois pétillant, toujours de bon aloi ; c'était la simplicité ; c'était l'aménité ; c'étaient l'expérience et les traditions du passé entretenues avec un soin jaloux ; c'étaient le travail, l'honnêteté, la franchise ; c'était enfin pour toutes ces grandes choses une langue digne d'elles, expressive et correcte, pleine de morale et de vérité.

Certes, N. T. C. F., sauvegarder ce patrimoine de notre race parmi les tentations actuelles de l'orgueil, de l'envie et de la révolte, au milieu des séductions de tous les plaisirs et du déchaînement de toutes les licences ; continuer de ne prêter l'oreille qu'au bon sens, à la conscience, au courage, parmi le tapage de tant d'autres voix : voix du dehors, des orateurs et des journaux, de la rue et de l'atelier ; voix du dedans, des passions de toute sorte ; continuer d'écouter uniquement la voix austère qui dit : Respecte et abstiens-toi, quand des voix innombrables crient sans relâche : Jouis et méprise ; un pareil effort veut des âmes fortement trempées et que rien ne puisse entamer. Eh bien, préparer de telles âmes, c'est la mission et souvent le succès des disciples du Bienheureux de la Salle.

Bénis soient-ils pour garder et protéger ainsi notre honneur avec notre vie morale ! Bénis soient-ils les instituteurs à qui nous devons pour une large part de connaître encore l'honnête homme, l'honnête ouvrier, l'honnête industriel, l'honnête commerçant, le bon fils, le bon époux, le bon père !

Bénis soient-ils en particulier pour avoir formé, pour former tous les jours de ces chrétiens selon l'Évangile qui sont, à vrai dire, l'homme complet ! Ne sort-il pas tous les jours de leurs écoles le chrétien qui voit en Dieu toutes ses obligations, les tient toutes pour sacrées et ne s'estime homme d'honneur qu'à la condition de n'en violer aucune ;

Le chrétien qui n'admet pas que le cœur ait jamais le droit de céder, fût-il attaqué par les passions les plus sensibles, les plus délicates, les plus subtiles ;

Le chrétien qui n'écoute pas plus ses ressentiments qu'il ne succombe aux séductions de l'amitié ;

Le chrétien qui répudie le parti de l'injustice, dût-il y trouver l'approbation du grand nombre, tandis qu'il suit constamment la vérité, bien qu'à lui tenir compagnie fidèle, il ait chance de rencontrer la haine et la dérision de la multitude ;

Le chrétien qui risquerait tout, espérances et situation, pour se réserver de ne pas rougir ;

Le chrétien qui, devant un gain considérable mais illicite détournerait la tête avec indignation, pour garder ses mains pures ;

Le chrétien qui ne ferait pas un mouvement contre sa conscience, dût-il par là s'assurer tout ce qu'il désire ; qui ne commettrait pas une action mauvaise dans les ténèbres les plus noires, n'eût-il à craindre rien de fâcheux?

En cette rapide peinture, où chaque trait s'inspire de l'Evangile et ne fait qu'esquisser le véritable homme de bien, nous sommes loin, pour le remarquer en passant, de la morale indépendante ; et volontiers nous demanderions à ceux qui la préconisent s'ils lui ont jamais vu former sous leurs yeux un homme, un seul, assidu à marcher dans la justice, malgré les sollicitations de violents intérêts contraires ; un homme, un seul, équitable et pur en dépit de tous les appétits du dedans et de toutes les séductions du dehors. Non, non, pour un tel miracle, le miracle de la force dans la faiblesse, il faut avant tout que l'homme sache bien qu'il vient de Dieu et qu'au dernier jour il retrouvera Dieu pour juge.

Cet homme, ce chrétien que nous venons de décrire, c'est en même temps le français que le Bienheureux de la Salle et les siens peuvent présenter à leur pays en lui disant avec un Evêque contemporain : « En voilà un qui t'offre son corps, ses bras, ses jambes et sa poitrine. Tu peux l'envoyer sous la mitraille : il mourra, mais ne se rendra pas. Tu peux lui confier les plans de campagne les mieux concertés et les plus cachés : il ne les révèlera pas. Tu peux lui donner les missions les plus délicates : il y mettra son cœur, son intelligence, toutes les ressources de son esprit ; il pourra succomber à la peine ; il peut tout perdre, mais jamais l'honneur. Tu peux lui remettre la clé de tous tes trésors : il connaît et pratique le commandement qui lui dit : *Le bien d'autrui tu ne prendras.* Tu peux le placer dans les postes les plus élevés : il y sera pour te servir et non pour s'enrichir, lui et les siens ; il y aurait des millions à ses pieds qu'il ne se baisserait pas pour les ramasser. Tu peux le présenter à tes amis et à tes ennemis : il sera fidèle à son pays comme à son Dieu. »

Viennent, du reste, N. T. C. F., les heures graves et solennelles, les heures de l'angoisse et de l'épreuve pour la patrie, les heures des chocs sanglants, des batailles terribles, des lamentables catastrophes ! On voit alors les Frères se lever eux-mêmes dans la simplicité comme dans l'énergie du plus mâle héroïsme. On les voit, dans nos villes, s'attacher comme des mères au chevet de nos soldats, panser leurs plaies avec amour, leur prodiguer les soins et les consolations d'une tendresse d'autant plus vive qu'elle est plus chrétienne. On les voit, sur le champ de bataille, affronter le péril, se multiplier, braver la mort en face, relever les blessés, recueillir les tués sous une pluie de fer et de feu. On entend, au milieu de la mêlée, un de nos généraux leur crier : *Chers Frères, l'humanité et la charité n'exigent pas qu'on aille si loin !* On entend un autre leur dire : *Vous êtes admirables, vous et les vôtres !*

A Paris surtout on les voit; et tous les suffrages se réunissent pour leur rendre hommage. Ecoutez en particulier les suffrages de l'Académie française ; ils résument tous les autres. La ville de Boston a confié à l'Académie la mission de distribuer un prix de deux mille francs au plus bel acte de dévoûment qui s'est produit pendant le siège. M. le duc de Noailles est chargé du rapport. « Nous avons cru, dit-il à l'illustre assemblée, devoir décerner ce prix à un corps entier, aussi modeste qu'il est utile, que tout le monde connaît, que tout le monde estime et qui, dans ces temps malheureux, s'est acquis une véritable gloire par son dévoûment. Nous voulons parler de l'Institut des Frères des Ecoles chrétiennes. Vous savez tous à quelle carrière ils consacrent leur vie et avec quel dévoûment désintéressé, avec quelle paternelle simplicité ils l'accomplissent. Quant aux événements dont il s'agit ici, nous n'avons qu'à laisser parler les faits. Lorsqu'on vit la patrie en danger, le sentiment qui nous émut tous les émut vivement; ils se demandèrent comment ils pourraient concourir à sa défense et soulager ses maux. Deux fibres vibrèrent à la fois dans leurs cœurs : celle du citoyen et celle du chrétien. Deux sentiments et deux vertus les entraînèrent : le patriotisme et la charité... Leurs écoles ne furent jamais fermées ni leurs classes interrompues pendant toute la durée du siège. Ils suffirent à tout : à l'enseignement scolaire, aux ambulances intérieures et aux combats. Ils se dédoublaient. Chaque Frère marchait à son tour. Un jour il faisait la classe; l'autre jour il allait au feu. Ils étaient en concurrence entre eux pour partir ! Le jour où le frère Néthelme fut tué à la bataille du Bourget, ce n'était pas à lui de marcher. C'est ainsi qu'ils eurent constamment leur place et sur les remparts et dans les batailles qui se livrèrent devant nos murs, la bataille de Champigny, celle du Bourget, celle de Buzenval et l'attaque de Montretout. Ces jours-là, on les voyait de grand matin, par un froid rigoureux, traverser Paris au nombre de trois à quatre cents, salués par la population, le frère Philippe en tête, malgré ses quatre-vingts ans, et les envoyant au combat où il ne pouvait les suivre. Quant aux Frères, ils affrontaient le feu comme s'ils n'avaient fait que cela toute leur vie, admirables par leur discipline et leur ardeur. C'est ce que tout le monde a proclamé. »

O modeste, mais sublime Institut, pour ma part je te bénis, je te remercie : je te remercie pour la France, ma patrie ; mais je te remercie en même temps pour l'Eglise, ma mère. Ah ! qu'on ne vienne plus nous objecter que ces deux grands amours de l'Eglise et de la Patrie ne peuvent s'allier dans un même cœur, que l'un étouffe nécessairement l'autre. Pour toute réponse, il me suffira de dire : *Regardez-donc nos Frères des Ecoles chrétiennes !*

Des Frères qui sortent de leurs écoles pour le champ de bataille et qui du champ de bataille rentrent dans leurs écoles avec une simplicité antique, sur quel terrain pourraient-ils être vaincus ? N'est-il pas superflu de rappeler leurs succès dans les concours pour les bourses de la ville de Paris et dans les examens du certificat d'études, que dis-je, dans tous les examens ? Qui ne sait les témoignages que les hommes les plus compétents se sont plu à leur prodiguer ?

Qui ne connaît les établissements de Passy, de Saint-Nicolas, de la rue Saint-Antoine, sans compter leurs autres grands établissements en France, aux Etats-Unis, au Canada ?

Du haut du ciel, ô Bienheureux, réjouissez-vous à ce spectacle ! Vous le voyez : ceux que vous avez institués sont fidèles à leur vocation ; ils vont comme vous l'avez ordonné ; et partout ils portent des fruits, des fruits de vertu, de savoir, de patriotisme et de foi !

Pour vous, ô Bienheureux, ainsi que le divin Maître, vous

avez bu, sur la terre, à l'eau du torrent. Le jour de la justice, le jour de la gloire est venu. Levez la tête, ainsi que le divin Maître.

Il est une gloire inférieure que les hommes vous avaient décernée avant les honneurs de l'Eglise. Ils vous proclamaient à l'envi le grand libérateur de l'Enfance, l'organisateur de l'enseignement primaire dans le monde, l'un des hommes les plus utiles dont la France s'honore, l'un des hommes les plus remarquables que l'Europe ait vus naître. Ils célébraient votre Institut comme un chef-d'œuvre de sagesse et de connaissance de la nature humaine. Ils saluaient en vous le plus grand ami peut-être de la vraie et saine démocratie, du petit peuple de nos villes et de nos campagnes, l'éducateur en bénédiction dans toutes les parties de l'univers, le héros de la charité et de l'instruction. Ils reproduisaient en bronze votre noble figure ; ils épuisaient les hommages à votre gloire.

Mais voici qu'un autre jour s'est levé. Voici que l'Eglise prend en main votre cause et la consacre de sa voix immortelle. Pie IX, de sainte mémoire, avait déclaré l'héroïcité de vos vertus. Son successeur auguste, Léon XIII, vient de vous proclamer Bienheureux !

Et voilà que, par ce Décret, votre nom fait son entrée dans la sainte liturgie. Le sacrifice adorable pourra désormais s'offrir en votre honneur. Vos images, décorées de l'auréole des saints, auront leur place au foyer catholique ; et les enfants, les petits-fils de ceux qui reçurent vos leçons, s'agenouilleront à vos pieds, joignant leurs mains innocentes, et vous diront : ô Père, qui avez tant aimé ceux de notre âge, priez pour nous !

Votre corps fut jadis broyé sous le pressoir de la mortification et de la maladie : qu'il soit maintenant à la gloire. Gloire à vos reliques !

Vous avez senti les morsures de la calomnie : sa dent cruelle ne vous atteindra plus. Gloire à votre intégrité !

Vous avez connu les tristesses de l'abandon : le monde entier s'incline aujourd'hui devant vous. Gloire à votre constance !

Vous avez été traîné devant cent tribunaux : le tribunal suprême, réformant d'injustes arrêts, a prononcé son jugement solennel. Gloire à votre innocence !

Pour Dieu, vous avez abandonné votre maison, vos frères, vos sœurs, votre père, votre mère, vos proches, votre fortune : recevez le centuple promis. Gloire éternelle à vous !

Vous aussi, comme la Vierge Marie, chantez le cantique de votre reconnaissance. Oui, chantez avec elle : le Seigneur a regardé les abaissements de son serviteur ; voici qu'à dater de ce jour, les générations proclameront mon bonheur !

Voyez en effet et prêtez l'oreille. Comme un écho du Ciel, le Décret du Pontife suprême a retenti de toutes parts dans les âmes. Le transport éclate. Rome la première vous a fêté. C'est maintenant le tour de votre patrie. Paris, la grande cité, vous salue dans l'enthousiasme. Son saint Archevêque vous consacre son amour et se plaît à se confier en vous. Reims, Rouen, Bordeaux, Tulle, s'apprêtent à célébrer votre triomphe. La France entière répète et chante votre nom. Vos fils surtout, fiers d'un tel père, sont à vos genoux dans l'allégresse et l'admiration. Les familles chrétiennes vous contemplent et vous invoquent. C'est un concert universel qui vous acclame et qui redit avec magnificence la parole de l'éternelle Vérité : Celui qui s'humilie sera exalté. *Qui se humiliat exaltabitur.* Gloire au Fondateur des Écoles chrétiennes ! GLOIRE AU BIENHEUREUX DE LA SALLE !

Le 19 février dernier, au jour de la solennelle Béatification du Vénérable Jean-Baptiste, dans la vaste salle de la Canonisation toute resplendissante de lumière, on admirait les trois grands tableaux qui racontaient les miracles opérés par le serviteur de Dieu. Cependant les yeux s'attachaient avec plus d'avidité sur la toile qui représentait le Bienheureux porté par les Anges et montant au séjour de la gloire. Au bas de cette toile, en ce style lapidaire dont Rome a si bien gardé le secret, on lisait l'inscription suivante :

Joanni Baptistæ de la Salle
Auctori et parenti
Sodalium a scholis christianis
Cælitum beatorum honoribus aucto
Catholicus orbis
Supplices admovet preces
Admiscetque lacrimas
Ne puerorum institutio
In grave discrimen
Ab improbis vocata
A religionis augustæ legibus
Dissideat.

A Jean-Baptiste de la Salle, Auteur et Père de l'Institut des Ecoles chrétiennes, couronné des honneurs de la Béatification! L'univers catholique fait monter vers lui ses supplications et ses prières. Il y mêle ses larmes pour obtenir que l'instruction des enfants, si menacée aujourd'hui par des efforts impies, demeure fidèle aux saintes lois de la religion.

C'est le devoir qui nous reste à remplir, N. T. C. F.

L'Eglise, dans l'immense danger que court le premier âge, nous accorde un puissant intercesseur. Tournons vers lui nos cœurs et nos regards avec la ferveur et les instances que commande notre détresse. Cette détresse, en avons-nous conscience et pressentons-nous bien les ruines qui se préparent? La jeunesse sans Dieu! La famille sans Dieu! La France sans Dieu! La question n'est pas seulement religieuse, elle est sociale.

Ecoutez plutôt, N. T. C. F. Ce n'est pas un prêtre que vous allez entendre : « Le grand travail de la régénération des peuples par les éléments matériels de la science, dégagée de toute idée morale et religieuse, doit un jour produire ses résultats. Quels seront-ils? Question grave, que tout le monde s'adresse, et à laquelle personne n'ose répondre... Des derniers rangs de la société, des profondeurs de ses abjections et de ses misères, va sortir une nation nouvelle, envieuse, ambitieuse, sans prochain et sans Dieu, une nation enflée de cette demi-science à vide, plus dangereuse que l'ignorance et la barbarie. Ce n'est pas tout encore : au-dessus de ce chaos populaire apparaît une jeunesse turbulente, sans principes, une jeunesse pleine de présomption, mêlant tout, brouillant tout, haïssant le despotisme et regrettant l'épée, réhabilitant Robespierre, prenant la guillotine pour emblème, Marat pour modèle, l'émeute pour principe, la Terreur pour une forme de gouvernement, plongée enfin dans la théorie de l'assassinat jusqu'au point de ne plus le distinguer de la vertu et se croyant propre à gouverner le monde parce qu'elle ne reculerait devant aucune des extrémités du crime [1] ! »

Ce tableau n'est-il pas comme une vision prophétique, vision terrible et sanglante, mais vision trop fidèle, hélas ! qui chaque jour s'accomplit sous nos yeux ?

Oui, prions et pleurons aux pieds de Celui qui a tant aimé la jeunesse et la France ! Qu'il daigne nous entendre ! Qu'il nous préserve de ce chaos populaire ! Qu'il nous préserve de cette jeunesse turbulente et sans principes ! Qu'il nous préserve de cette jeunesse pleine de présomption, mêlant tout, brouillant tout ! Qu'il nous préserve enfin de cette jeunesse qui se croit propre à gouverner le monde, parce qu'elle ne reculerait devant aucune des extrémités du crime !

O Bienheureux de la Salle, gardez-nous une jeunesse chrétienne ! Gardez à cette jeunesse des maîtres chrétiens ! Gardez-nous vos admirables Frères ! Et en nous gardant cette jeunesse, en nous gardant ces maîtres et ces Frères, gardez-nous une France forte, une France prospère, une France respectée, une France fidèle à son Dieu, une France dont on puisse dire toujours : l'esprit religieux n'est pas éteint en elle, l'esprit religieux y soulèvera des montagnes, il y fera des miracles ! *Fiat ! Fiat !*

[1] Aimé Martin.

Coutances. — Imp. de SALETTES.